FERNANDO SALAZAR CRÓQUER

I0165287

ENCONTRARÉ EL AMOR DE MI VIDA

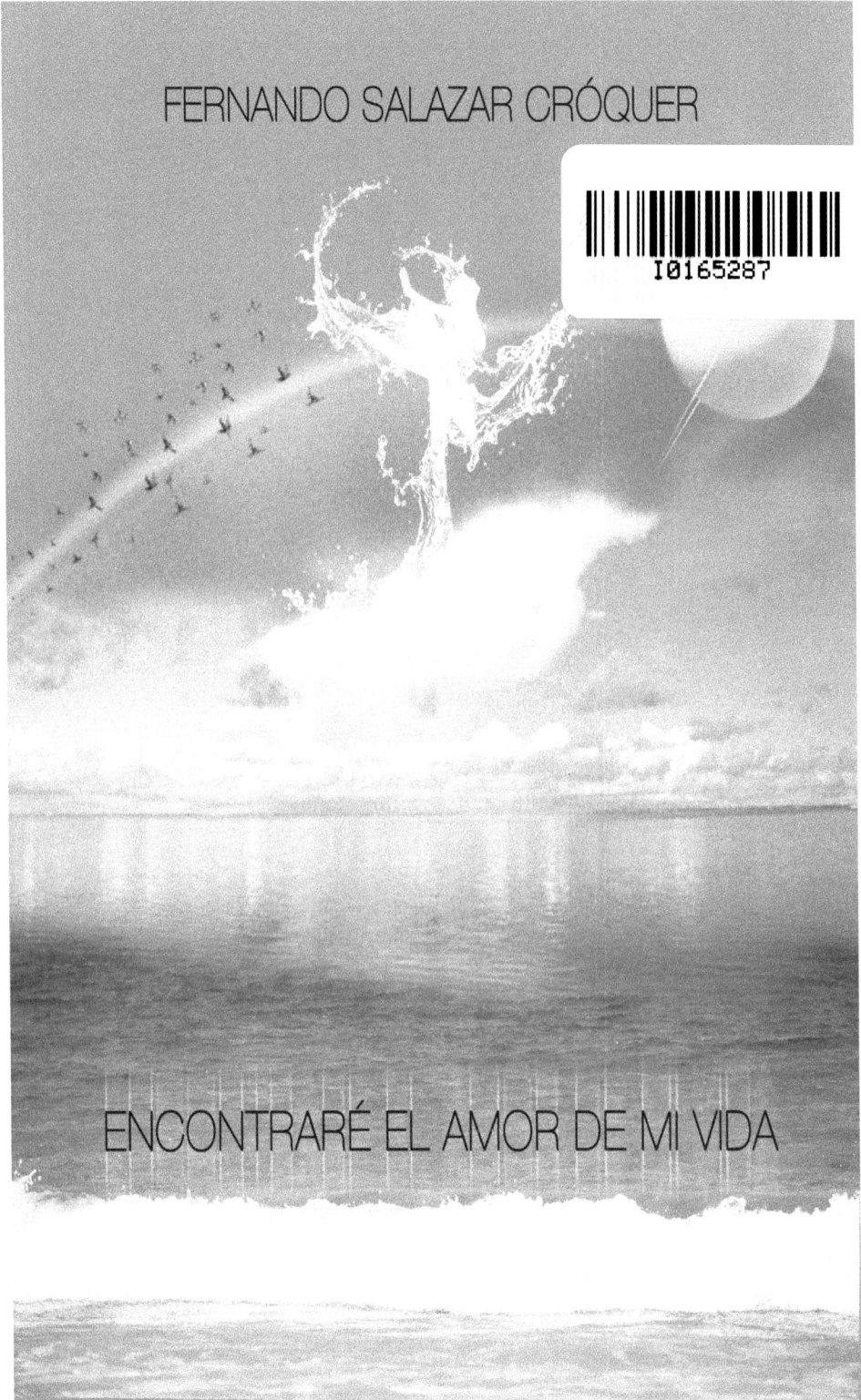

Diagramación del Libro y Diseño de Portada
Fernando Salazar Cróquer

"Encontraré El Amor De Mi Vida"

Deposito Legal: LF04120138002844
ISBN-10: 980-1267992
ISBN-13: 978-9801267997

EL AUTOR

Facebook
https://www.facebook.com/FernandoSalazarCroquerOficial

Twitter
https://twitter.com/Kranimexinc

Web
http://fernando-salazarcroquer.weebly.com/

Índice

1) Quiero Darte Un Beso 1

2) Dejar Esta Prisión 5

3) Una Amiga Muy Especial 8

4) Fracasado 11

5) Lo Que Debo Hacer 15

6) Rutina Diaria 18

7) Sacrificio de Amor 21

8) Las Dos Líneas 25

9) Famoso 29

10) Adiós Para Siempre 33

11) Preguntas 36

12) Tu Bella Sonrisa 40

13) El Castillo de las Ilusiones 44

Parte I "Siniestro Amor" 45

Parte II "Despertado" 47

Parte III "Una Caricia" 50

Parte IV "Mi Gran Deseo" 52

14) Mi Princesa 54

15) La Niña De Los Ojos Café 57

16) Mi Corazón Me Duele 59

17) ¡Vuelve Por Favor! 62

18) Mi Flor Amarilla 64

19) Desvanecido 66

20) Recuerdos 69

21) El Amor Aún No Desaparece 73

22) Sueños 76

23) La Chica De Mis Ensueños 79

24) Alguien Me Está Esperando 82

25) Un Nuevo Amanecer 85

I

Quiero Darte Un Beso

Cuando te vi esta mañana en la escuela
Sentí que mi corazón parecía una vela
Encendida por tu deslumbrante encanto
Porque siento lo mismo cuando canto;

Con las adoradas estrellas brillantes
Que veo en esta noche, muy radiantes
Y con la luna suave en donde veo tu expresión
Que hace que sea de adorada estimación.

Para decirte cuanto te he amado
Y te he anhelado
Todo este tiempo de amistad,
Porque quiero demostrarte mi lealtad

De amarte
Cuando de ti se trate
Mi amor, de bella alegría;
Que a la vez es mi tierna armonía

Por eso quiero darte un beso
Para así saber tu aprecio
Hacia mi amor,
Lleno de un inmenso calor

Quiero darte un beso
En tu preciosa boca
Que me provoca
Decirte cuanto te deseo

En esta vida tan solitaria
Que siento cuando no tengo a nadie a quien amar
Y tener a mi lado gente con quien no quiero hablar
De algo que pienso que me moriría.

Entonces, quiero darte un beso
Y decirte mi regreso
Para conquistarte
Y saber cómo debo enamorarte.

Mi amor, quiero darte un beso
Para que sientas mi afecto
Con un profundo efecto
Y respondas a mis sentimientos
Que no están llenos de sufrimientos.

Quiero darte un beso
Con un rico cerezo
Que se siente tan espeso,
Y que no lo sientes en exceso.

Cuando te ríes como una bella
Mujer que me destella
Una mirada cambiante;
Me siento tan apasionante

De demostrarte todo mi amor
Para sentir tu arduo calor
En mi pecho
Que quiero estar acostado en tu lecho

De suaves almohadas
Que parecen tan sacadas
De tus bellos besos;
Que parecen ricos cerezos.

Quiero darte un beso
Que parecen en exceso
Porque se sienten tan eróticos
Sentir esos ricos

Besos llenos de tu amor
Que se sienten con mucho ardor
Con mucha alabanza
Llena de esperanza

Quiero darte un beso
Porque eso,
Es todo lo que expreso
Con un especial aderezo

Delicioso de mi profundo amor
Lleno de mucha energía
Que parece una melodía
Que transmite mucho candor

Quiero darte un beso (Lleno de pasión)
Porque ese es mi deseo (Lleno de ilusión)
Quiero darte un beso (Lleno de mi candor)
Porque eso es lo que yo deseo (Mi amor!)

II
Dejar Esta Prisión

Vaya, no volveré a ver
Mas mi gran sufrimiento
Que me llena de resentimiento
Triste; el cual no quiero tener

Por un largo tiempo, debido a que quiero
Paz y libertad, y ese es mi único deseo
El cual no pierdo mi esperanza
Que se siente dicha de alabanza

En ese maravilloso día
Que me llena de alegría
Porque me olvidaré de mis arrepentimientos
Que tenían muchos estremecimientos

De todos aquellos días
Que se sentían como ruidosas melodías
Que arruinaban mi mente
Debido a los comentarios de esa gente

En donde sentía una tormentosa confusión...
Por eso quiero dejar esta prisión
Para así poder salir de una triste oscuridad
Que siento en mi alma; y así llenarme de felicidad

Eterna, en donde conoceré a mi reina
Que me ilumina
Y me llena de adrenalina
Con una esencia divina.

Por eso quiero salir de esta prisión!
Para así nunca sentir esta traición,
Que me produce una repulsión
De haber tenido una larga y engañosa ilusión

De ensueño malicioso
Que se siente un poco ocioso,
Pero en realidad es engañoso
Porque es mentiroso.

Por eso quiero salir de esta prisión (Y nunca sentir traición)
Por eso quiero salir de esta prisión (Para no tener más repulsión)
Por eso quiero salir de esta prisión (Para no tener más ilusión)
Por eso quiero salir de esta prisión (Para así...sentir en mi corazón la liberación)

III
Una Amiga Muy Especial

Oh...te pusiste en mi camino
Y siento que eres mi eterno destino...

Eres una amiga muy especial
Porque tus risas te hace la mujer ideal
Y la mujer inseparable
E indispensable;

Que me quita mi soledad
Y que me llena de felicidad
Haciéndome sentir tus encantos
De princesa que parecen melodiosos cantos

De sirena azul plateada
Que también se pone dorada
Cuando el sol te ilumina tu piel tostada
Que parece una rebanada

De bello amor y de amistad;
En donde te daré mi eterna lealtad
Para así siempre estar contigo
Como tu adorado amigo.

Eres una amiga muy especial
Porque tú forma de ser es esencial
Lo cual, eso te hace inolvidable
Y a la vez la incomparable;

Por esa maravillosa sonrisa
Que me llena de energía
Y me pone feliz de alegría
Al pensar que esta amistad no será una ceniza

De rechazamiento
Que a la vez siento que no tengo renacimiento
Al pensar que no estaré más contigo
Y que no me hablaras más como un amigo.

Por eso...tú eres una amiga muy especial (Por ser inolvidable)
Tú eres una amiga muy especial (Por ser amable)
Tú eres una amiga muy especial (Por ser inseparable)
Tú eres una amiga muy especial (Por ser adorable)
Tú eres una amiga muy especial (Por ser irreemplazable)
Tú...eres...una...amiga...muy...especial (Por ser la única indispensable...!)

IV
Fracasado

Me siento tan vacío
Que siento que mi corazón se lo lleva un río
De eterno sombrío
En donde yo no me río;

Porque me siento tan fracasado
Que mi corazón lo tengo tan desboronado
De tanta horrible soledad
Que a la vez, una profunda oscuridad

Invade mi alma de bondad
Con fea maldad,
Y no me deja soñar ese recuerdo,
Porque me hace olvidar algo que ya ni me acuerdo

De mi solitaria existencia
Que fue mi gran experiencia
Porque, ya sé cómo debo amar
A alguien que no quiere hablar

Conmigo, y yo tantas cosas que quiero decirle,
Pero ya no, porque he decidido olvidar
El triste pasado de que ni me quiero acordar,
Por tantas cosas que siento al mentirle.

Me siento fracasado
Que mi corazón, lo siento destrozado
De tanto sufrimiento
Que me deja sin aliento

Para poder respirar en el maravilloso paisaje
Que a la vez recordé que tengo un largo viaje
Que debo recorrer para encontrar a mi amada
Que debe estar de mí, enamorada.

Por eso, ya no quiero sentirme como un fracasado
Que siente todo amargado.
Debo ver mi profundo error
En donde debo pasarle un corrector

Por eso, ya no quiero sentirme como un fracasado
Que solo se siente tan humillado
Por eso, ya no quiero sentirme como un fracasado
Porque así mi corazón estará destrozado
Y yo me sentiré tan derrotado

De no volver a ver una mujer
Por temor a que me valla enloquecer
Con su encantos de venenos
Que parecen tan tiernos

De eróticos lazos
Que me provoca amarrar con mis suaves brazos
Llenos de eterno amor
Y a la vez de cálido ardor.

Por eso, ya no quiero sentirme tan fracasado
Porque estaré toda mi vida atormentado
De un recuerdo malhumorado
Que ni se si fue desterrado

De mi mente
Que la sentía ardiente
De tristeza, y tan horriblemente
Que la expreso ahora desoladamente.

Por eso, ya no quiero sentirme tan fracasado
Por temor a que lo que encuentre, no me sienta amado
En mi vida; entonces debo seguir caminando el camino
Hasta encontrar mi maravilloso destino

El cual me pregunto: ¿Qué ocurrirá?
Acaso el amor que sentía no surgirá
Debido a lo que he sufrido
Por temor a lo que he vivido

Porque me siento tan fracasado
Que mi corazón lo tengo tan quebrado
De lo que he sentido,
En donde no me he reído

Por eso, ya no quiero sentirme tan fracasado
Porque no merezco estar desesperado
Por una mujer que tanto amé
Y que yo nunca tendré...

Por eso, ya no quiero sentirme tan fracasado
Por eso, ya no quiero sentirme tan destrozado
Por eso, ya no quiero sentirme tan derrotado
Por eso, ya no quiero que mi corazón se sienta tan desboronado
Porque es mejor haber fracasado, que nunca haber intentado...

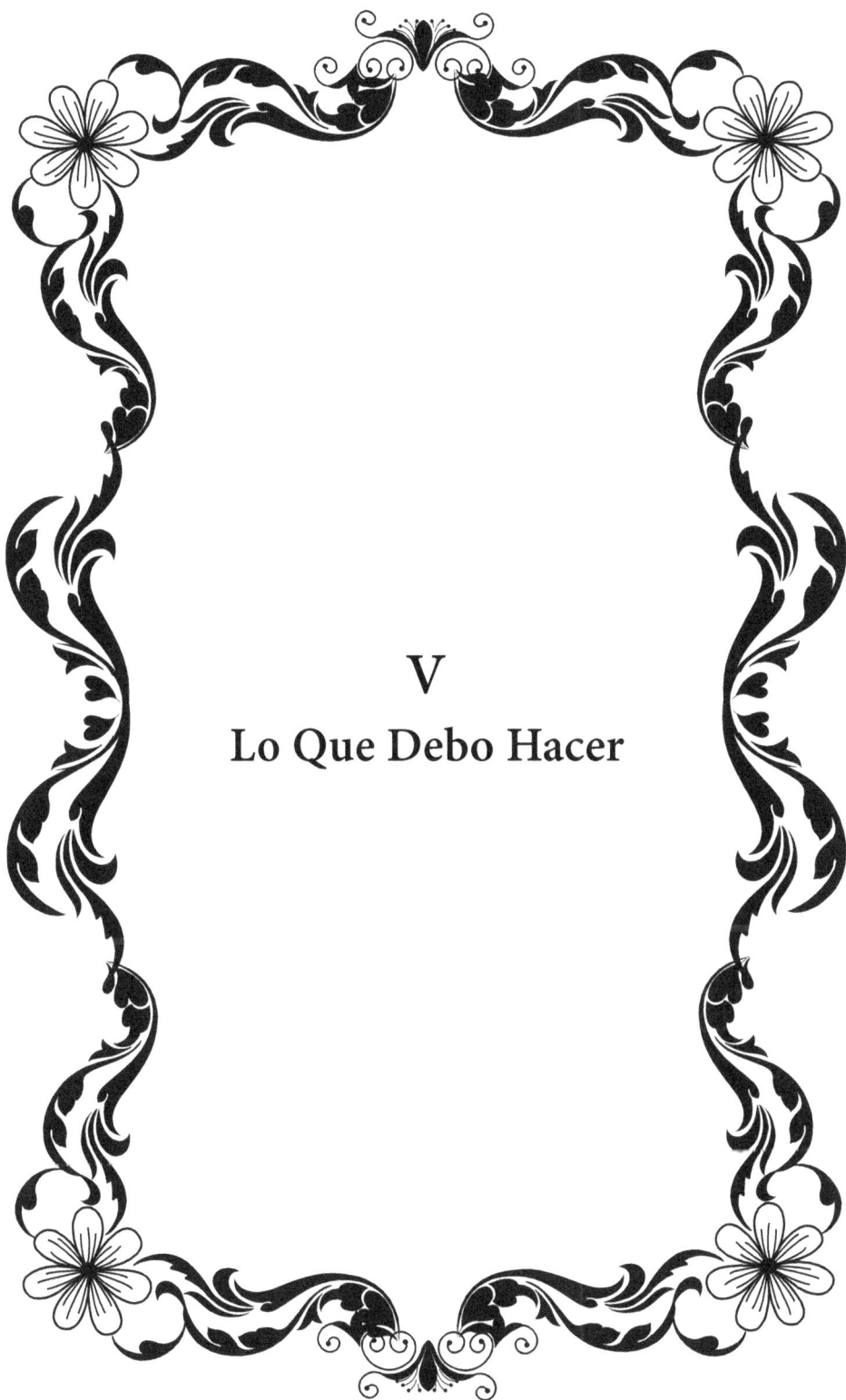

V
Lo Que Debo Hacer

Pensaré que he dado todo mi ser,
Pero ya se lo que debo hacer...
Es buscar a la chica que tengo que conocer
Para poder ser capaz de vencer

Mi tonta oscuridad
Llena de confusa infelicidad,
Por nunca haber conquistado
A la chica que he querido haber amado

En un gran largo tiempo que me tenía enamorado
Y a la vez muy ilusionado
Por su confuso ser
Que nunca pude conocer.

Entonces, ya se lo que debo hacer...
Es olvidarme de saber
Lo que pasa con ella
Y no verla más bella

Nunca más, porque ya siento mucho daño
Del gran engaño
Que no me parece muy extraño
En este último año

De volverla a ver,
Y saberle querer
Como yo la quise amar
Con todo mi corazón que le iba a brindar

Por ser de mí, mi único anhelo
El cual sentía un gran desvelo
Y la vez un gran despecho
Que lo arroje a la basura como desecho.

Por eso, ya se lo que debo hacer...!
Es olvidarme de ser
Un tonto perdedor
Y concentrarme en ser un ganador.

Entonces, ya se lo que debo hacer (Amar y seguir amando)
Entonces, ya se lo que debo hacer (olvidar y seguir olvidando)
Entonces, ya se lo que debo hacer (sonreír y seguir sonriendo)
Por eso, lo que debo hacer (es seguir viviendo y queriendo)

VI
Rutina Diaria

Pensaré que he dado todo mi ser,
Si…Si…Si; esta es mi aburrida
Que es súper dividida
Y a la vez muy dormida

Rutina diaria
Que la quiero dejar
Por temor a que vaya abandonar
Mi hogar

Debido a que siempre tengo un problema
Que me quema,
Por culpa de otras personas
Que me llenan de malas cosas

Que me causan malestares
De feo y amargos males…

Pero siempre tengo la suerte
Que mi mamá tenga fuerte
Su espíritu de armonía
Que al sentirlo me llena de alegría

Y me libera de esa rutina diaria
Que parece que se externaría
En mi piel
Con un sentimiento infiel

Entonces, gracias a que mi mamá
Tiene su fuerte alma combativa
Aquí no hay nada que sea imaginativa
Hacia males sobre ella
Que parece que veo que destella

Y destruye la aburrida rutina diaria
Que siento que arruinaría
Mi vida, pero gracias a mi mamá que me la quitó
De encima, ahora me siento mejor porque se marchó

La aburrida rutina diaria
La horrible rutina diaria
La temible rutina diaria
La dividida rutina diaria
Que pensaba que se externaría y me llevaría...

VII
Sacrificio de Amor

Ah...Eh...Este amor no fue en vano
Porque tome tu mano
Y sentí tu suave esencia
De perfume, que es de bella presencia

Tu calor está llevándome
Y a la vez amándome
El sentir tus labios de pétalos de rosa;
Que siempre siento con tu hermosa

Sonrisa que me llena de energía
Y me quita la triste agonía
De estar profundamente solo
Y estar pensando como loco

Muchas cosas sin sentido
De las cuales me sentí arrepentido...

Por eso...Este sacrificio de amor
Que nos dará calor
Te hará sentir viva
Y a la vez arriba

Mi hermosa sirena
Que me dice: ¡Te Amo!
Y pienso que no me envenena
Porque le digo: ¡También Te Amo!

Por eso...sacrificaré mi vida
Para que este amor no se divida
Y no te haga sentir carecida
De mi amor...mi vida!

Yo siempre pensaré en ti
Hasta la muerte porque sin ti
Nunca conocí este sentimiento
¡Gracias a tu entendimiento!

Por eso...Este sacrificio de amor
Lleno de mi fervor
Eterno solo para ti
Me hará llegar a ti,

Hacia este maravilloso mundo
Del cual no me inundo
Por tu tierno amor
Que me llena de fervor

Y seguir pensando en ti
Porque tú eres para mí
Una gran diosa que sin ti
Mi amor no descansa en ti.

Por eso...Este sacrificio de amor
Que nos dará calor
Te hará sentir viva
Y a la vez arriba

De la temible oscuridad
Llena de maldad
Que la cual se rompe por tu bondad
Llena de felicidad...

Por eso...te salvaré de las tinieblas
Llena de profundas nieblas
Para que no te haga sentir dolor
Y te libere de ese mal quebrantador.

Por eso...Este sacrificio de amor
Lleno de mi candor
Interminable
Te hará sentir que no es inolvidable

El momento que pasamos juntos
En estos bellos mundos
Donde íbamos en conjuntos
De leales amigos y que cada uno con dos

Parejas se besaban
Y a la vez se amaban...

Por eso...Este sacrificio de amor
Lleno de mi sabor
Te hará disfrutar el deseo
De mirarme cuando te veo...

Por eso...Este sacrificio de amor
Tendrá suficiente rubor
¡Para...que...te...haga...sentir...mi...amor...!

VIII
Las Dos Líneas

Oh...Estas son las 2 líneas
En una me encuentro sin ti
Y en otra estoy así

Contigo, apegado a ti
Porque yo me siento solo sin ti,
Mi amor...que te digo: ¡Ámame!
Y dame

Todo tu amor
Que me llena de fuerza
Y de divina pureza
Con un cálido resplandor

Que ilumina mi cara con luces
Llena de resplandores
Que parecen como reflectores
En donde escucho voces

Que entre las 2 líneas
Me encuentro en una al borde de la muerte
Y en la otra estoy por hacerte
A ti mi princesa,
Que me inspira día tras día belleza

Interminable
Porque eres para mí indispensable
Y mi diosa inolvidable
De este gran sueño insaciable;

Que por no estar contigo a tu lado
Me siento tan rechazado
Y tan olvidado
De no tenerte conmigo a mi lado.

Por eso en las 2 líneas
En una me encuentro tan desesperado
Por el rechazo tan despreciado
Y en la otra estoy ilusionado
Porque de ti estoy enamorado.

Por eso mi rosa
Que pareces hermosa,
Siempre serás mi diosa
Porque eres amorosa
Y tan penosa
Que de eso eres chistosa
Y tan grandiosa

Entonces, quiero que te des cuenta mi miel
De que yo soy y siempre te seré fiel
Porque, soy un hombre que puede enamorarte
Y nunca avergonzarte.

Espero que en este último año
En donde estoy aquí
Para hacerte muy feliz
No sienta un gran engaño
Que me haga un infeliz
Que se quiera ir de aquí.

Como un idiota
Que a que no le importa
Y no soporta

Estar en las 2 líneas
En donde en una estoy desamparado
Por haber sido derrotado
Y en la otra me sentiré aún ilusionado
Que estaré pensando seguir enamorado
De alguien tan adorado;
Y que he en un largo tiempo anhelado
Durante 3 años que casi me siento haber sacrificado
Todo ese amor, que ahora lo siento marchitado
Como una rosa que se ha acabado
Y se ha cortado...

Entre las 2 líneas (De mi corazón)
Entre las 2 líneas (Llenas de pasión)
Entre las 2 líneas (De mi alma)
Que nunca sentiré nada...

IX
Famoso

Mi amor, te demostraré
Que siendo glorioso
Te darás cuenta que soy afectuoso
Porque yo siempre te amaré

Por eso quiero ser famoso
Para que digas que soy cariñoso
Y un hombre tan romántico
Que tú lo haces sentir tan mágico

Y tan prodigioso
Por hacerte sentir tan maravillosa
Y que te veas tan esplendorosa
En algo que para mí es precioso.

Por haberte encontrado
Y por haberme enamorado...
De ti...mi amor tan anhelado
Que nunca te he defraudado

Porque siempre te he llamado
Y te he soñado
Que estas en una mansión
Que para mí fue una ilusión
De mi larga imaginación.

Por eso quiero ser famoso
Para que digas que soy cariñoso
Y un hombre tan romántico
Que tú lo haces sentir tan mágico...

Mi querida Rosa
Eres tan hermosa
Que nunca te olvidaré
Porque te tendré

En mi corazón
Lleno de pasión
Eterna para ti
Porque siento que eres para mí...

Por eso quiero ser famoso
Para que digas: ¡Eres Maravilloso!
Y un hombre tan romántico
Que tú lo haces sentir tan fantástico...
El cual es sensible
Igual que tú mi amor;
Porque tú para él, eres imprescindible
Y lo haces sentir invencible.

Por eso quiero ser famoso
Para que digas: ¡Eres Sensacional!
Y un hombre tan reconocido
Que tu no lo haces sentir tan carecido...

De esta vida tan brillante
Que voy adelante
Como tu bailante
Que te estima bastante...

Mi querida Rosa
Hasta que yo no me vaya de aquí
Te seguiré viendo hermosa
Porque lo que me queda aquí

Son pocos meses de clase
Que me da chance
Para hablarte
Y tratar de conquistarte

Una vez más en este colegio
Y decirte cuanto te quiero
Para hacerte comprender que soy sincero
En esto que sin ti es un oscuro cementerio

Que me da escalofríos
Y me llenan el cuerpo de inmensos fríos

Por eso quiero ser famoso
Para que digas: "¡Eres mi chico ideal!
Y un hombre tan celestial
Que me hace pensar que eres ardoroso...

Por mi oculto amor
Que te respondo: ¡Que a mí mi amor, me llena de fervor
Al sentir tu calor…!

Seré famoso
Y para ti eternamente chistoso
¡Y un gran hombre que te haga sonreír…! ¡Porque seré contigo amoroso!

X
Adiós Para Siempre

Oh...ya estoy derrotado
Por haberme enamorado
De alguien tan adorado
Que me hizo sentir rechazado.

Te digo: ¡Adiós para siempre!
Porque ya tú no estás en mi mente
En mi ser inconsciente
Que ya no me hace sentir alegremente;

Por eso me voy para no molestarte
Nunca más, y no atormentarte
Mi amor, que siempre fui sincero
Y no espero

Más desilusión
De ti; que estuviste en mi imaginación
Por ser tú, mi gran anhelo
De gran desespero.

Te diré adiós para siempre
A mi triste amor
Que me llenó muchas veces de fervor
En mi profunda mente,

Y seré tu amigo
Porque quiero estar contigo
A tu lado
Para así no ser olvidado...

Así que no me importa, quiero tu amistad
Que me llena de felicidad
Y me quita mi eterna soledad
Llena de profunda oscuridad.

Por eso te digo: ¡Adiós para siempre!
Del amor que sentí por ti
Porque yo no te mentí
Cuando quise tenerte...

Entonces seré tu amigo
Que quiere estar contigo
Para nunca olvidarte
Y siempre estimarte.

Adiós para siempre a mi amor
Que venga una amistad
Llena de felicidad
Y de profunda sinceridad
Que demuestre mucho calor...

Entonces, adiós para siempre
A esta ilusión
Que me llena de tensión
Y a la vez me da el gran deseo de verte

Para que estés conmigo
Como un amigo...

Adiós al amor que sentía
Que me llena de melancolía...

Adiós al amor que soñé
Y que siempre estimé...

Adiós al amor que amé
Y que siempre veré...

Dentro de mi sentimiento
¡Que tiene sufrimiento...!

Adiós para siempre...Mi Bello amor
Adiós para siempre...Mi eterno amor

XI
Preguntas

Me pregunto: ¿Que haré sin ti?
¿Dónde está el amor que sentía por ti?
¿Por qué no puedo vivir sin ti?
¿Por qué me siento así?

Estas preguntas me están confundiendo
Y siento que me estoy deshaciendo
Del amor que sentía por ti
Y pienso que es mejor así

Pero, por mala suerte me pregunto:
¿Hasta cuándo me sentiré así?
¿Cuándo seré algo para ti?
¿Me Querrás como un amigo?
¿Podré como un amigo estar contigo?

Cada vez se, que me siento preocupado
Y a la vez rechazado
Pero, mi corazón aún siente esas preguntas
Que se expanden más y más juntas

Sin embargo, me sigo preguntando:
¿Qué será de mi destino?
¿Acaso tú eres mi camino?
¿Por qué cada vez que te veo siento una profunda emoción?
¿Estaré pensando en ti con mucha pasión?

Es que: No sé, ¿Qué hacer?
No sé, ¿Qué decir?
Tal vez ¿No me quiera herir?
Pero, ¿Qué tengo que saber...!?

Estas preguntas me están volviendo loco
Porque ya siento mi cabeza como pálido coco
Que se seca
Pero, cuando te veo este se refresca.

Entonces me pregunto:
¿Cómo podré salir?
¿Cómo podré abrir?
Esa puerta de hierro oscuro
Que parece un gran muro

De acero irrompible
Que a la vez es invencible...

Por eso: ¿Por qué no puedo salirme?
¿Por qué no puedo abrirla?
¿Por qué no puedo dividirla?
¿Por qué tengo que arrepentirme?

De todo esto que lo siento tan divino
Porque siento que es mi camino
De estar con ella a su lado
Por estar un largo tiempo enamorado.

Y estas preguntas me están quemando
Porque ya siento que mi cuerpo se está afectando
De ese seco sentimiento
El cual siento ese oscuro estremecimiento.

Pero, quisiera saber: ¿Qué puedo hacer…?
¿Cuál será mi amanecer?
¡Me gustaría saber...!

Cuanto más tengo que pensar en ella
Que siempre la veo bella
La cual me destella
En esa hermosa estrella...

Que todavía estas preguntas me están decidiendo
Y mi mente me está queriendo
Decir algo importante
Que siento desesperante.

Tal vez, no es nada
Pero, pensaré que esto fue un cuento de un hada
Que me hechizó
Y me besó...

Y me hice estas preguntas que me hirieron
Y me despidieron
De ese amor hacia ti
El cual sacrifiqué todo por ti...

Mi amor hacia ti
Lo hice todo por ti
Para estar contigo
Como tu fiel amigo... (Mi Amor)

XII
Tu Bella Sonrisa

Oh...Esa maravillosa sonrisa
Que siento la fresca brisa;
Me llena de energía
Dándome un cálido día...

En donde tú bella sonrisa me hacer brillar
Tu bella sonrisa me hacer irradiar
Todo mi cuerpo, que se resplandece
Y a la vez se enaltece

¡Por ti…! Mi bella princesa
Que aún me interesa
Por eso, quiero ser parte de ti
Porque siento que tú eres para mí.

Desde que te vi
Yo sentí
Un profundo amor
En mi corazón por ti, lleno de fervor

Y lo que más me gustó
Fue tu gran sonrisa que llenó
Mi alma de mágicas energías;
Porque quería estar contigo todos esos días

De los cuales sentí un gran vacío
Porque no estuve, sino que estaba en un río
De gigantesca soledad,
Que cada vez sentía más y más oscuridad.

Por eso todos esos días se volvieron cenizas
Gracias a tus mágicas y bellas risas;
Que a mí, en el oscuro fondo
Que tenía; ya no me ahogo.

Quiero que sonrías alegremente
Para recordarte maravillosamente,
Y sentirte magníficamente
Como mi reina tan majestuosamente...

Porque Tú bella sonrisa me hace brillar
Tu bella sonrisa me hace irradiar
Todo mi cuerpo, que se resplandece
Y a la vez se enaltece…se enaltece...por ti...
¡Mi Rosa!
Tan esplendorosa
Tan resplandeciente
Que apareciste en mi vida de repente
Muy hermosa...

Desde que te vi;
Yo desde adentro surgí
Con un extraordinario amor
En mi corazón por ti, lleno de rubor

Y lo que más me gustó
Fue tu gran sonrisa que llenó
Mi alma de mágicas energías;
Porque quería estar contigo todos esos días,

Y esa oscuridad se despejó
Y me dejó
Una esperanza
Que fue una enseñanza...

Es que nunca me rendiré
Por alguien tan lindo
Que a veces, pienso que me reiré
Porque digo: ¡No me rindo!

Ante esa chica que me ilusiona;
Y a la vez solo me cuestiona
Mi tonta mente
Que me dice: ¡Pareces un demente!

¡Sabes que nunca te amará!,
¿Por qué no te rindes de una vez?
Ella nunca te pensó

Y nunca te sintió...
Entonces, ¿Por qué no la olvidas?
Hay más mujeres en otras vidas
Que fueron muy bellas
Como lo es ella...

Sabes ¿Por qué no me rindo mente? Porque siento su sonrisa
Cuando estoy con ella, y siempre me hechiza
Más y más...

En donde su bella sonrisa me hacer brillar
Y en...donde...su...bella...sonrisa...siempre...me...hará irradiar...

XIII

El Castillo de las Ilusiones

Parte I
"Siniestro Amor"

Voy por un recóndito bosque, en donde me sentía triste
Y tan desolado, que me encuentro
Un misterioso y oscuro castillo
Que siento que me atrae y me sigue atrayendo;
De repente me desmayo y cuando despierto
Estoy en una sala con lujosos candelabros
De bellas luces encendidas que me hacían recordar

Ese siniestro amor que me había hecho sentir poco a poco destrozado
El corazón, porque en mis sueños, me sentía desterrado...
Y también derrotado
Porque sentí que lo que más ame, me había de su vida olvidado.

Entonces, ¿De qué sirvió amarla?
¿De qué sirvió abrazarla?
¿De qué sirvió besarla?
¿Dios, dime...De qué sirvió mirarla?

Si no me quiere, si no me ama,
Pero me siento como un tonto, porque me encanta
Como me hace pensar que me estima,
Pero, la verdad es que me rechaza

De una manera tan silenciosa
Que parece tan melodiosa...

Así es, esto fue un siniestro amor
Que pienso que fue una pesadilla
Llena de alegría
Porque aún escucho el extrañar de esa melodía.

Cada vez que recuerdo ese sentimiento
Lleno de sufrimiento
Me siento tan vacío por dentro
Con un profundo rechazamiento

De ese siniestro amor
Que tuvo un suave candor
Y a la vez una interminable tristeza
Que la veo con una gran belleza

De ese siniestro amor que murió...
De ese siniestro amor que no floreció...
De ese siniestro amor que se marchitó...
Como una rosa...que nunca creció.

Parte II
"Despertado"

He despertado de ese extraño y triste sueño
Que no lo había pensado en un largo tiempo
Y que me hizo recordar
Un momento que sentí olvidar

Por un momento
Que me llenó de tormento,
Por eso he despertado
Que me siento tan aterrado

De no haberte llamado
Todo este tiempo, que te he pensado
Porque siempre te he amado
Ya que tú me has gustado.

He despertado
Y estoy atrapado
En este castillo embrujado
Que se siente alumbrado

Por las luces que siento que me llevan a ti
Y todavía siento que mi corazón tiene suficiente amor para ti,
Y lo más raro es que esas luces me muestran un cuadro con tu sonrisa
Que cuando vi; me liberó de mi tristeza con una bella sonrisa.

Entonces, he despertado
Porque mi único deseo es ser amado
Por ti, a quién voy a conquistar
Y hasta llegarte a enamorar

Mi ángel celestial
Mi chica ideal
Mi brillante y gran estrella
Que en mi sueño se desvela,

Sintiendo su rico calor
Lleno de fervor.

He despertado
Y aún parezco enamorado
En este castillo encantado
Que me tiene asombrado;

Por hacerme recordar mi futuro amor
Que me llenó de mucha ilusión
En donde elaboré bellas cosas por mi imaginación
Que está llena de gran rubor.

He despertado
Y parezco atontado
De estar rotundamente enamorado
De alguien tan admirado;

Que es una chica que se llama Rosa
Que la verdad es...es que muy hermosa
Y muy celosa
Y eso la hace una estrella tan luminosa

En el cielo azul oscuro
Que lo siento tan puro
En esa noche cálida en el castillo
Que todavía pienso en tu mágico cintillo.

He despertado
De esa soledad
Llena de oscuridad.

He despertado
Y recuerdo tú gran amistad
Llena de una gran felicidad.

He despertado
Y aún me acuerdo de tu bella sonrisa
Que me refresca con una suave brisa...

Llena de una gran felicidad.
Que me refresca con una suave brisa...
Y aún me acuerdo de tu bella sonrisa
Y recuerdo tú gran amistad...

Porque he despertado...he despertado...
He despertado para enamorarte!
Y para conquistarte...

Parte III
"Una Caricia"

Cuando te vi en el recreo sentada
Te miré que estabas entusiasmada
Haciendo una carta de amistad
Rellena de mucha felicidad...

Que me acerco a ti
Y te pregunto: ¿Qué estás haciendo?
¡Estoy escribiendo!
Algo que me gusta a mí

Y me siento a tu lado,
De repente me siento sonrojado
Porque me tienes enamorado
Con tu rostro iluminado

Que te doy una caricia
En tu negro cabello
Que es tan bello
Y luego me lanzas una sonrisa.

Mi corazón latía y latía
Que a la vez sentía
Que me veía
Tan ilusionado, que me reía,
Y decía:

¡Vaya estoy sintiendo!
Que el amor me está hirviendo
La sangre, de mi cuerpo
Y no siento tormento.

Por eso esa caricia
Llena de risa
Me hace muy feliz...!

Porque estuve contigo
Y ahora siento que tú estás conmigo
En el colegio, que quiero ir
Porque me quiero volver a reír;

Contigo mi amor!
Contigo mi ángel celestial!
Contigo mi chica ideal!
Contigo...mi dulce primor!

Parte IV
"Mi Gran Deseo"

Oh...mi dulce primor
Mi gran deseo es salir de este castillo
Que me recuerda divinas pasiones
Y me da muchas ilusiones
De estar contigo,
Mi eterno amor...

Que me da día tras día
Esperanza llena de alegría
Con mucha armonía
De no tener más una profunda armonía.

Mi gran deseo es salir a encontrarte
Y correr para abrazarte
Con mis brazos, para así besarte
En los labios y siempre amarte

Mi bella Rosa
Tan hermosa
Que es dichosa
Y muy venturosa.

Quiero decirte: ¡Te amo con todo mi corazón...!
Y déjame sentir tus labios de miel
Y tocar tu suave piel
Que a mí me llena de pasión.

Por eso...mi gran deseo es salir a encontrarte
Y correr para abrazarte
Con mis brazos, para así besarte
En los labios y siempre amarte

Por eso...mi gran deseo es decirte: ¡Te amo con mi cálido ser!
Por pensar que tú vas hacer mi gran mujer
Que eternamente me amarás
Y siempre a mi lado estarás.

¡Ese es mi gran deseo...!
¡Este es mi gran deseo...!
Amarte por siempre
Y tenerte en mi mente
Mi dulce y bello primor
Que me llena de una gran ilusión...

XIV
Mi Princesa

Oh…mi diosa de la naturaleza
Que está llena de profunda belleza
En su corazón de eterna pureza;
Quiero decirte que tú eres mi princesa

Porque me iluminas
Y me hechizas
Con tus ojos café
Que me rindo a tus pies.

Te amo y solo quiero estar contigo
Así como yo quiero que estés conmigo;
Por eso estaré contigo siempre
Porque te tengo a ti solo en mi mente

Que parece estar en mi subconsciente;
Donde pienso que soy tu anhelado amigo
Que te da un caluroso abrigo
Eternamente…

Porque he caminado un largo camino
Que pienso que eres mi maravilloso destino
Que se siente tan divino…

Te amo y solo quiero estar contigo
Así como yo quiero que estés conmigo;
Por eso estaré contigo siempre
Porque te tengo a ti solo en mi mente

Por eso te digo
Que tú eres mi princesa
De eterna belleza
Y yo soy tu anhelado amigo…

Por eso yo quisiera estar
Contigo para besar
Tus adorados labios, Yo quiero sentir tu sentimiento
Que me da un nuevo renacimiento…

Por eso te digo
Que tú eres mi princesa
De celestial belleza...

XV
La Niña De Los Ojos Café

Ella es la niña de los ojos café
Que me demuestra con sinceridad
Sus sentimientos llenos de felicidad
En donde siento que me transmite su fe

Y su paz de dulce armonía;
Que tranquiliza mi corazón con alegría
Al saber que es mi linda amiga
Que me dice que la siga...

Porque me brinda su apoyo
Con gran lealtad.
Ella no me empuja en un hoyo
Debido a que tiene mucha amabilidad

Mi querida niña de los ojos café
Que después
De haber transcurrido
El hecho ocurrido

Ella sin importar nada me estimó
Y se atrevió
A decirme que tuviera más esperanza
Que fue para mí una gran enseñanza...

Ella es la niña de los bellos ojos café
Que me demuestra con su tierna sinceridad
Sus sentimientos llenos de dulce felicidad

En donde siento...
En donde siento que me transmite su divina fe...

De mucha satisfacción
Y con gran emoción...

XVI
Mi Corazón Me Duele

He comenzado a pensar
Que sin ti nunca pude amar
Y sentir este sentimiento
Que ahora es un triste llanto.

Destruye mi alma
Y rompe mi calma,
Porque nunca estuve contigo
Como yo quería que estuvieras conmigo

En esos momentos
Que mis sentimientos
Se quebraban
Y me destrozaban

Mi corazón...
Mi corazón me duele
Por el miedo a tenerte
Porque he sufrido tanto
Que ahora siento un triste llanto

Ahora me voy
Y solo me queda tu adorada sonrisa
En mi mente, que me hechiza

Ahora mi corazón me duele
Por miedo a pensarte
Y nunca olvidarte
En el sentimiento que quise tenerte

Oh…
Mi corazón me duele
Por el miedo a tenerte
Porque he sufrido tanto
Que ahora siento un triste llanto

Creo que esto fue un bello principio
Con un triste final
Que tanto quise descartar
Para tener aún el sentimiento de amar

Creo que esto fue un bello principio
Con un doliente final...

XVII

¡Vuelve Por Favor!

Pienso y pienso el ¿Por qué a este rechazo?
Que me dio a mi corazón un flechazo
Lleno de un profundo precipicio
Que me desquicio.

Toda mi vida cambió,
Tan triste que me destruyó.
El corazón.

Hoy volví a llorarte
Por el deseo de amarte
Y también de encontrarte

Por eso, ¡Vuelve por favor!
Quiero sentir tu sonrisa
Quiero darte mi amor
Para siempre quedarme a tu lado
Es toda una cruel realidad
Llena de oscuridad...

¿Cómo puedo olvidarte?
Ya tengo miedo a no amarte
Y no volver a encontrarte
Otra vez, y sentir ese amor
Que ahora es un profundo dolor
Creo que olvidarte será mejor.

Por eso, ¡Vuelve por favor!
Dale amor a mi vida
Que la siento llena de agonía
Yo quiero estar acostado en tus piernas
Que se sienten tan tiernas.

¡Vuelve por favor!
Dale amor... a mi vida

¡Vuelve!
Dale amor...a mi vida...

XVIII
Mi Flor Amarilla

Ella es mi flor amarilla
Que brilla
En la oscuridad,
Y despeja esa maldad

Con su anhelada risa
Que me enfría con una brisa
Llena de frescura,
Porque ella es tan pura.

Su nombre me destella
Que parece una estrella
En el cielo azul iluminado
Tan destellado

Ella es mi flor dorada
Tan angelical como un hada
Que no vuela con llanto
Porque tiene mucho encanto;

Me gusta su guiño
Porque me hechiza como un niño
Al ver su bella presencia
Llena de mágica esencia.

Su suave piel
Es bella;
Está cubierta de miel
Y su cabello me destella.

Ella es mi flor amarilla
Que brilla
En las nieblas,
Y destruye esas tinieblas

Ella es mi flor rubia
Que diluvia
Bellos recuerdos en mi mente,
Tan desesperadamente.

XIX
Desvanecido

Oh, corazón estoy tan desvanecido
Tan rendido
Y tan destruido

Disculpa amor, si no te di más
Disculpa por no ser lo que tú esperabas
Amor, ya no te veré jamás;
Creo que fui un tonto, porque no me dabas

Nunca nada a mi corazón,
Lo único era una ilusión
Que la sentía día tras día llena de más pasión,
Pero ahora siento una gran desilusión;

Porque tanto que te di
Tanto que te amé
Tanto así, que ya ni sé que decir
Y tampoco sé que hacer

En este tiempo me siento tan desvanecido
Porque contigo he vivido
3 largos años de enamoramiento
Que he sentido mucho sentimiento

Ahora no tengo más nada que ofrecerte
Tengo dudas si no quiero volver a verte,
Porque mi corazón tiene aún el deseo de quererte
Y de aún estar yo contigo presente.

No sé qué hacer
Ya estoy vencido por tu rechazo
No sé qué decir
Ya siento en mi corazón un flechazo

Porque me siento desvanecido
Mi espíritu, y el amor tan distanciado
Y diferenciado
De tanto que he contigo vivido

Por eso mi espíritu está desvaneciéndose,
Mi corazón está destruyéndose,
Mi amor está extinguiéndose;
Porque me siento tan desvanecido
Por todo...lo que he vivido...

XX
Recuerdos

En mi vida de adolescente
Fui muy inocente
Con un corazón tan doliente
Que ese recuerdo está todavía en mi mente

Tanto es así
Que recuerdo el sentimiento
De no vivir
En mi próximo renacimiento;

Por temor al rechazo
De un amor que ni se si fue real,
Y pienso que fue todo irreal,
Pero cuando no la veo, siento un pedazo

Que me quitaron de mi piel
Tristemente
Porque aún recuerdo sus labios de miel
Inconscientemente.

Aún recuerdo todos esos llantos
Que vertieron mis ojos con muchas lágrimas
Y que nunca imaginé jamás
En mi ser, tantos doloridos cantos.

Aún esos recuerdos pasan por mi mente
Todo el día tristemente
Y alegremente

El recuerdo de cuando te conocí
El recuerdo de cuando te vi
Y de cuando viví
Contigo a tu lado, yo me sentí

Muy feliz, pero nunca pude hacer
Algo más, quería ser
Tu novio, lo pude decir
Porque no te quería mentir,

Pero todo fue risas y juegos de ilusiones.
En mi cuerpo sentía muchas pasiones
Y profundas exaltaciones,
Que fueron hesitaciones.

Creí que el cariño que me transmitías
Era como te reías,
Pero pienso que todo fue pura hipocresía,
Ya que nunca me quisiste como yo quería.

Nunca quisiste una cita conmigo,
Ahora yo ya no estoy contigo.
Recuerdo cuando extrañamente me miraste
Y yo en el fondo quise enamorarte;

Pero ahora me siento perdido
Y a la vez hundido
En un abismo
Que ni sé si será el mismo

De mis recuerdos.
Recuerdos que los soñé
Recuerdos que no los olvidé
Recuerdos que tendré siempre en mi mente
De alguna u otra forma inconscientemente.

Los recuerdos del pasado
Son muy dolorosos,
Porque me siento aterrado
De no tener los más dichosos...

Ahora sé lo que mis amigos me transmitían
Y me decían
Solo tú puedes olvidar y rehacer
Solo tú...puedes volver,

A esta realidad
Llena de infelicidad,
En donde existe una gran oscuridad
Que te demuestra lo duro que es la humanidad.

Así que los recuerdos
Que yo recuerdo tienen muchos desacuerdos,
Por eso debo olvidar aquel amor
Y destruir ese feo rencor

Porque esos recuerdos que tengo en mi corazón
No me dan inspiración.
Estos recuerdos afligidos
Seguirán aquí adentro entristecidos...
Porque algunos de estos recuerdos deben ser muy doloridos...

XXI
El Amor Aún No Desaparece

El amor aún no desaparece;
Y eso me entristece
Porque tanto que hice por ti
Que cuando te veo, siento que te perdí

Porque pensé que algún día eras para mí
Que ahora siento que no sé qué decir;
Porque te fui sincero, y por eso nunca te voy a mentir
Yo hubiera dado mi vida para ti;

Pero ahora comprendo
Y entiendo
Que tú no vales la pena
Por no comer mi apetitosa cena.

Siento dolor en mi corazón,
Siento que el amor aún no desaparece;
Me da rabia, porque eso me entorpece
Con una oscura efusión.

Este amor aún no desaparece
Esta ilusión todavía no se desvanece;
Y cada día que pasa me entristece

Todo esto, pero un amigo me contó;
Y fue del corazón de lo que me habló...

Comprendí que es mejor haber intentado
Y haber tristemente fracasado;
Que nunca haber intentado nada en esta vida
Llena de dolorida dicha

Por eso, olvidaré el pasado
Tan atormentado
Que tuve en el presente
Y que siempre recordaré en mi mente.

Cuando el amor aún no desaparece
Y esto te entristece
No te entristezcas
Por eso, que tú no recuerdas...

XXII
Sueños

Ah...Sueño con un amor imposible
Que pienso que algún día será posible
Que me hará invencible
Y a la vez indestructible

Sueño aún con el triste pasado
En donde estaba enamorado
E ilusionado
Por haber querido ser amado.

Sueño con una amistad
Que me llenó de bella felicidad,
Y que en el fondo, sentí pura bondad
Porque no tenía soledad.

Tanto fue así que me reí
Y me entristecí,
Porque me enloquecí
Por algo hermoso que admití

Los sueños de amor
Que tuve me ilusionaron
Me iluminaron,
Y me ayudaron

Los sueños de tristeza
Que tuve me desilusionaron
Me destrozaron,
Pero me reforzaron

Los sueños de amistad
Me llenaron de felicidad,
De profundo anhelo
Que sentí mi vida con mucho destello

Entonces, mis sueños no se perdieron
No se rompieron,
Pero si se desvanecieron...

Mis fantasías
Que tuve en todos estos días
Lleno de grandes alegrías
Porque sentía las preciosas melodías...

De todos mis sueños...

XXIII
La Chica De Mis Ensueños

Te soñé
Y recordé
Aquella promesa
Que nos hicimos en la luna perla;

Acostado en tus piernas
En un paseo de bote contigo,
Me acariciabas la cara con tus manos tiernas
Y me dijiste que querías estar conmigo

Porque estabas enamorada de mí
Y yo también de ti
En esos maravillosos sueños;
Y decidí que tú fueras la chica de mis ensueños

Que siempre quería estar a mi lado;
Porque tu único deseo era hacerme sentir entusiasmado
De esa triste soledad del pasado
De la que yo me había destrozado

Todo el corazón,
Por esa tonta ilusión...

Por eso eres la chica de mis ensueños
Por tus sentimientos tan bellos
Que me dan nuevos comienzos,
Y a la vez renacimientos

A mi vida, que quiere tu afecto
El cual con tus sonrisas detecto,
Y a la vez presencio
Mi gran anhelo.

Por eso eres la chica de mis ensueños
Porque tu tranquilidad
Me da libertad;
Y me regala esa amabilidad...

Tú eres la chica de mis sueños
Tú eres la chica de mis ensueños
Tú eres la chica de mis maravillosos sueños
Tú eres la chica de mis preciosos sueños

Eres lo que yo más quiero
Y lo que yo más deseo...

XXIV

Alguien Me Está Esperando

Cuando tuve esa hermosa ilusión
Día tras día, sentía que se iba esa decepción
Y pronto tú a mi lado me ibas a dar emoción
Con mucha diversión;

Pensé que, cuando olvide el pasado
Del que estaba cansado;
Y me concentrará nada más en ti;
Paz me ibas a dar a mí.

Así fue, soñaba que alguien me está esperando
Donde en el futuro me va a estar amando
Con su adorada sonrisa de dulce brillo;
Que parece la princesa de un majestuoso castillo.

En donde cuando menos te esperaba
Yo te encontraba,
Y quería regalarte
Algo para enamorarte;

Porque me di cuenta que te amaba
Y eso adentro no cambiaba;
El deseo de encontrarte
El cual yo quería conquistarte.

Alguien me está esperando
Porque lo estoy soñando
En la mágica noche de constelaciones
Brillantes, donde la veo en las ilusiones

De nuestro gran amor.
Que algún día será lo mejor
Para los dos,
Porque aún no nos conocemos...

Alguien me está esperando
Porque en mi sueño le estoy hablando
Con las pasiones
Que me dan grandes motivaciones.

Alguien me está esperando
Porque la estoy en el fondo pensando
De la cual me estoy enamorando;
En mi sueño...la...estoy...amando...

XXV
Un Nuevo Amanecer

Tú puedes crear un nuevo amanecer
Del cual puedes crecer,
Tú eres el único que lo puede hacer
Porque tienes ese maravilloso poder

De cambiar el mundo
Y desarrollar tu grandioso futuro;
Si piensas que es duro
Entonces este será muy oscuro.

Debes vivir tu alcance
De vida, porque aún tienes chance
De crear un nuevo amanecer
Del que puedes creer

En tu gran sueño de posibilidades
Llena de realidades
Y de fuera de oscuridades;
Que te darán grandes oportunidades.

Por eso cree en un nuevo amanecer
Del que podrás crecer
Y te hará enorgullecer
De ese bello poder.

Lucha con amor,
Lucha con fervor.
Lucha por tu anhelo
Que es un gran destello

En este mundo siempre hay un nuevo amanecer
Del que podrás hacer llover
Todas tus oportunidades
Llena de posibilidades.

Este es un nuevo amanecer
Del que todos podemos crecer
Con nuestro gran poder
El cual es el querer...

De cambiar el mundo con armonía;
Con alegría.
Y no con confusión
Llena de lamentación...
Porque este mundo, este país, esta nación
Necesita nuestra motivación
Para seguir adelante
Con el gran avance.

Por eso, crea tu nuevo amanecer
Del que debes creer
Y del cual puedes crecer...

Esa es mi gran ilusión,
Mi gran deseo,
Y mi gran motivación
Del cual espero

Estar siempre a tu lado
Enamorado
Para así poder abrir
Y poder sentir

Tú bella presencia
Que es mi esencia.

Por eso abre tus alas mi ángel
Y a mí ven;
Este es un nuevo amanecer
Del cual debemos creer...

Por eso nuestro bello amanecer
Es el que debemos creer;
Y poder
Hacer

Un nuevo lugar con armonía
Con alegría;
Y no de escuchar cosas de melancolía
Sino más bien de bellas sinfonías

Que nos darán grandes pensamientos
Grandes conocimientos
De poder tener nuevos renacimientos...

Por nuestro nuevo amanecer
Y bello amanecer...

(

www.ingramcontent.com/pod-product-compliance
Lightning Source LLC
Chambersburg PA
CBHW060403050426
42449CB00009B/1876